BEI GRIN MACHT SICH IHR
WISSEN BEZAHLT

Elisabeth Anderhofstadt

Verdirbt die Ökonomie den Charakter?

Oder ist das Geld der Ursprung allen Übels?

GRIN Verlag

Bibliografische Information der Deutschen Nationalbibliothek:

Die Deutsche Bibliothek verzeichnet diese Publikation in der Deutschen National-
bibliografie; detaillierte bibliografische Daten sind im Internet über http://dnb.d-
nb.de/ abrufbar.

Impressum:

Copyright © 2013 GRIN Verlag GmbH
Druck und Bindung: Books on Demand GmbH, Norderstedt Germany
ISBN: 978-3-656-53158-6

Dieses Buch bei GRIN:

http://www.grin.com/de/e-book/263747/verdirbt-die-oekonomie-den-charakter

GRIN - Your knowledge has value

Der GRIN Verlag publiziert seit 1998 wissenschaftliche Arbeiten von Studenten, Hochschullehrern und anderen Akademikern als eBook und gedrucktes Buch. Die Verlagswebsite www.grin.com ist die ideale Plattform zur Veröffentlichung von Hausarbeiten, Abschlussarbeiten, wissenschaftlichen Aufsätzen, Dissertationen und Fachbüchern.

Besuchen Sie uns im Internet:

http://www.grin.com/

http://www.facebook.com/grincom

http://www.twitter.com/grin_com

Verdirbt die Ökonomie den Charakter?

den Charakter?

Oder ist das Geld der Ursprung allen Übels?

Inhaltsverzeichnis

1. Einleitung

Am 24. April 2013 erschütterte die Nachricht vom Einsturz einer Textilfabrik in Bangladesch die Welt. Dabei kamen weit über tausend Näherinnen und Fabrikarbeiter zu Tode. Besonders seit diesem Vorfall wurden die schlechten Arbeitsbedingungen in der Textilbranche in Billiglohnländern stark thematisiert.[1] Vor allem die Diskrepanz zwischen der minimalen Entlohnung der Näherinnen und der Gewinnmaximierung ihrer Auftraggeber regte zur Diskussion an. Hieran wird deutlich, dass die unternehmerische Moral und Verantwortung nicht unweigerlich mit den Geschäftsgebärden der Unternehmer zu vereinbaren sind. Selbst wenn nach dem Bangladesch-Unglück viele Hersteller beteuerten ihre Kleidung nicht in derartig einsturzgefährdeten Betrieben produzieren zu lassen, ist die Debatte vom wirtschaftsethisch korrekten Handeln und gerechten Arbeitsbedingungen brisant.[2]

Die Wirtschaftsethik befasst sich mit diesen Problemen und der Frage, inwieweit sich ökonomische Ziele mit moralischen Idealen vereinbaren lassen.

Problematisch wird es, wenn ein unternehmerisches Individuum egoistisch die Gewinnmaximierung über moralische und menschliche Werte stellt. Geld als Zahlungsmittel und Ausdruck des Gewinns spielt hierbei eine wichtige Rolle, welche sich im Zuge des technischen Fortschritts, der Globalisierung und des daraus resultierenden wachsenden internationalen Wettbewerbs stetig verschärft.

Um der Frage nachzugehen, ob die Ökonomie schädlich für den Charakter ist, stützt sich diese Seminararbeit vor allem auf die Theorie des Geldes als unabkömmlicher Faktor des wirtschaftlichen Erfolges.

---

[1] Vgl. Hasnai (2013): Fabrikeinsturz in Bangladesch.
Abrufbar unter: http://www.spiegel.de/panorama/fabrikeinsturz-in-bangladesch-rettungskraefte-finden-ueberlebende-a-899090.html , letzter Abruf am 30.09.2013.
[2] Vgl. Tietz/Amann, Susanne (2013): Konsum ist etwas Gutes.
Abrufbar unter: http://www.spiegel.de/spiegel/print/d-102241678.html, letzter Abruf 30.09.2013.

2. Geschichte der Ökonomie und des Geldes und deren Verhältnis zur Ethik

Dass ein Zusammenhang zwischen Markt und Moral besteht, lässt sich bereits in der Antike aufzeigen und markiert hieraus den Ursprung des wirtschaftsethischen Denkens. Im 18. Jahrhundert galten die Wirtschaftswissenschaft und die Wirtschaftsethik als eine zusammengehörige Disziplin. Erst ein Jahrhundert später etablierte sich die Wirtschaftsethik als eigene Wissenschaft.[3] Seither bildet die Wirtschaftsethik einen Schnittpunkt zwischen der Ethik und den Wirtschaftswissenschaften. Repräsentanten der wirtschaftlich orientierten Denkweise stellen den *homo oeconomicus* und sein Streben nach dem Nutzenmaximum in den Mittelpunkt ihrer Überlegungen. Hiervon grenzen sich die philosophischen Grundgedanken durch den Appell an die Moral deutlich ab.

Die generelle Akzeptanz von Geld als Zahlungsmittel und unweigerlicher Ausdruck der ökonomischen Entwicklung findet Anklang in der Gegenwart. Dennoch bleibt es bis heute für Wissenschaftler unterschiedlicher Fachrichtungen unerklärlich, weshalb das einzelne Individuum für Geld als „Zwischentauschgut"[4] überzeugt werden konnte. Objektiv erscheint es unökonomisch, Waren mit einem bestimmten Gebrauchswert gegen Münzen oder Scheine einzutauschen, deren Zweck und Metallwert äußerst begrenzt sind.[5] In den heutigen Industriegesellschaften hat sich dieser Tauschmechanismus etabliert und markiert einen unabkömmlichen Standard in der Geschäftswelt. Problematisch ist in diesem Zusammenhang die Tatsache, dass Geld zum Machtmittel par excellence degradiert werden kann.[6] Um etwaige Szenarien nachzuvollziehen, wird im Folgenden dargestellt, welchen Stellenwert der Einzelne dem Zahlungsmittel zuspricht.

3. Profilierung von Geld und Ökonomie

3.1 Stellenwert in Abhängigkeit von Art der Bildung

Als eine mögliche Methode zur Überprüfung der Frage, ob ökonomisches Denken und die Vernachlässigung von ethischen Verhalten auf die universitäre Bildung zurückzuführen ist, lässt sich mittels des Experiments durch eine Gefangenendilemma-Situation überprüfen. Die Wissenschaftler Robert H. Frank, Thomas Gilovich und Dennis T. Regan untersuchten hierfür

---

[3] Vgl. Meckenstock (1997): Wirtschaftsethik. Berlin: Walter de Gruyter. S.19.
[4] Weddigen (1951): Wirtschaftsethik: System humanitärer Wirtschaftsmoral. Berlin: Duncker & Humblot. S.201.
[5] Vgl. Menger (1892): On the origin of money. In: Economic Journal 2. S.239/240.
[6] Vgl. Kramer (1996): Ethik des Geldes. In: Sozialwissenschaftliche Schriften Heft 31. Berlin: Dunker & Humboldt.

das individuelle Reagieren einzelner Probanden in einer Gefangenendilemma-Situation. Dabei differenzierten sie in ihrer Untersuchung nach Wirtschaftswissenschaftler und fachfremden Studierenden. Erstgenannte wurden als „wahre Wirtschaftswissenschaftler" (Wiwis) bezeichnet, weil sie Wirtschaft als Hauptfach belegten, sogenannte *economic majors*. Das Gegenstück hierzu lieferte die zweite Gruppe, die Wirtschaft nur als Nebenfach studierten und innerhalb der Studie den Beinamen *nonmajors* bzw. Nicht-Wirtschaftswissenschaftler (Nicht-Wiwis) erhielten.

Für eine methodisch korrekte Durchführung des Experiments erhielten alle Teilnehmer eine kurze Einweisung in die Spieltheorie, um gleiche Grundvoraussetzungen zu schaffen. Erwähnenswert ist noch in diesem Zusammenhang, dass allen Studenten vor dem Experiment mitgeteilt wurde, dass ihre Anonymität vollkommen gewahrt bleibt und ihre Spielzüge daher kompromisslos sein dürfen. Um einen Anreiz zu setzen, diente Geld als Auszahlungsmöglichkeit. Abhängig von der jeweiligen Spielweise zweier Teilnehmer, erhielten bei bilateraler Kooperation beide Teilnehmer eine gleich hohe Auszahlungssumme. Beidseitiges Misstrauen wurde mit einer halb so großen Auszahlung „belohnt". Für den Fall, dass ein Teilnehmer kooperierte, der andere jedoch nicht bedeutete dies die höchst mögliche Auszahlungssumme für den unkooperativen Partner.

		Y	
		Kooperation	Nicht-Kooperation
X	Kooperation	2/2	0/3
	Nicht-Kooperation	3/0	1/1

Abbildung 1: Eigene Darstellung des Gefangenendilemmas[7]

Als Resultat lässt sich erkennen, dass „Wiwis" in Relation zu „Nicht-Wiwis" weitaus seltener bereit sind zu kooperieren. Gleichzeitig ist auffällig, dass Wirtschaftswissenschaftler eher männlich sind und daher als unkooperativer gelten.[8]

---

[7] Vgl. Franck/Gilovich/Regan (1993): „Does Studying Economics Inhibit Cooperation?" In: Journal of Economic Perspectives, Volume 7, Number 2, S.163.

[8] Vgl. Franck/Gilovich/Regan (1993): „Does Studying Economics Inhibit Cooperation?" In: Journal of Economic Perspectives, Volume 7, Number 2, S.160.

Diese Ergebnisse stellen keine allgemeingültige Aussage dar, dennoch lässt sich erkennen, dass Personen, die sich für die Aufnahme eines Ökonomiestudiums eine Tendenz haben weniger in das Kalkül ihres Gegenübers zu vertrauen und in Folge dessen soziale Eigenschaften weniger relevant sind für die Wahl ihrer Entscheidung. Ökonomen orientieren sich tendenziell an ihrem Eigeninteresse, d.h. im Spiel an der höheren sichereren Auszahlung. Nicht-Wirtschaftswissenschaftler haben im Gegensatz dazu höhere Kooperationsraten und sind eher gewillt niedrige bis keine finanzielle Auszahlung in Kauf zu nehmen. Ohne hieraus eine Pauschalisierung vorzunehmen, lässt sich aus diesem Ergebnis annehmen, dass für Menschen mit ökonomischer Schulung Geld ein höherer Stellenwert zugesprochen wird im Vergleich zu fachfremden Studenten.

3.2 Stellenwert in Abhängigkeit vom Berufsstand

Um der Frage nachzugehen, wie hoch für Wirtschaftsprofessoren die Bereitschaft zur freiwilligen Zahlung von Spenden für wohltätige Zwecke ist, wurden Fragebögen an Universitätsprofessoren geschickt. Dabei wurde zwischen den Fachbereichen der Lehrstuhlinhaber differenziert und nach der Höhe ihrer Spende. Außerdem ist zu erwähnen, dass ein erheblicher Anteil nicht bereit war sich zu dieser Befragung zu äußern. Unterschieden wurde zwischen den mehreren Fachrichtungen. Hierzu zählten die Wirtschaftswissenschaften, Sozialwissenschaften, Naturwissenschaften und Geisteswissenschaften. Als eine Fachrichtung zusammengefasst wurden Mathematik, Informatik und Ingenieurwesen ebenso wie die Fachbereiche Architektur, Kunst und Musik. Die letzte Gruppe stellten Berufstätige dar. [9]

Die prozentuale Auswertung ergab, dass Wirtschaftler, trotz ihres vergleichsweise hohen Einkommens, weniger dazu geneigt waren Geld freiwillig für wohltätige Zwecke abzugeben. Die Verteilung lag hier bei 9,3 Prozent von Ökonomen, die kein Geld spendeten. Im Gegensatz dazu beliefen sich die Prozentzahlen der anderen Disziplinen von null über 2,9 Prozent bis zu 4,3 Prozent. Daher zeigt sich, dass Ökonomen mehr als doppelt so geizig sind als andere Wissenschaftler.

---

[9] Vgl. Franck/Gilovich/Regan (1993): „Does Studying Economics Inhibit Cooperation?" In: Journal of Economic Perspectives, Volume 7, Number 2, S.162.

4. Konturen von Geld im ethischen Kontext

Nach Georg Simmel kann Geld eine Doppelrolle zugesprochen werden. Zum Einen kann Geld als Tauschmittel angesehen werden und zum Anderen trägt es eine enorme Bedeutung zur Preisbildung bei.[10] Als Charakteristikum von Geld lässt sich sein Zeitwert feststellen, der sich durch seine Wertbeständigkeit im Zahlungsverkehr auszeichnet.[11] Geld gewährt den Wirtschaftssubjekten somit Sicherheit und wird dadurch von den Menschen als Ideal angesehen.[12] Als weitere „Dienste des Geldes" gelten Erleichterung des Verkehrs, Mobilisierung und Kondensierung.[13] Dabei unterscheidet Simmel Geld nach seinem Substanzwert und nach seinem Funktionswert.[14] Er nennt fünf Funktionswerte des Geldes, die sich aus dem Tatbestand ergeben, dass der Substanzwert überschritten wird. Hierzu zählen die Individualisierung, Vergesellschaftung, Erweiterung, Versachlichung und Zentralisierung.[15] Nach Simmel lassen sich der Geldwirtschaft weiterhin drei wesentliche Komponenten zusprechen, zum Einem die Erkenntnistheorie, zweitens die positive Wissenschaft und drittens die Ethik.[16]

4.1 Geld als scheinbare Anreizfunktion[17]

Ein Experiment, welches den Zusammenhang zwischen Geld und Pflichterfüllung einer Tätigkeit aufzeigen soll wurde von Ariely durchgeführt. Dabei wurden Personen in drei Gruppen eingeteilt und ihnen unterschiedliche Vorgaben zur Erfüllung einer Aufgabe gegeben. Die eine Gruppe erhielt kein Geld für ihre Tätigkeiten, die zweite Gruppe einen geringen Lohn für ihre Mühen und die dritte Gruppe im Verhältnis zur zweiten Gruppe eine verhältnismäßig hohe Entlohnung. Gemäß der Prinzipal-Agent-Theorie müsste die dritte durch ihre höhere finanzielle Anreizfunktion eine bessere und effektivere Leistung erbringen im Vergleich zu den beiden anderen Gruppen. Tatsächlich lieferten die Teilnehmer der ersten Gruppe die ergiebigsten und produktivsten Resultate. Ariely nennt als Erklärung das Pflichtbewusstsein und die Tatsache, dass zwischen den Probanden und Experimentinitiatoren keine ökonomische Beziehung herrscht. Die Durchführung der geforderten Tätigkeit beruht auf sozialen Normen und löst daher bei den Teilnehmern eine intrinsische Motivation der

---

[10] Vgl. Rammstedt (2003): Georg Simmels Philosophie des Geldes. Frankfurt am Main: Suhrkamp. S.63.
[11] Vgl. Rammstedt (2003): Georg Simmels Philosophie des Geldes. Frankfurt am Main: Suhrkamp. S.63.
[12] Vgl. Rammstedt (2003): Georg Simmels Philosophie des Geldes. Frankfurt am Main: Suhrkamp. S.66.
[13] Vgl. Rammstedt (2003): Georg Simmels Philosophie des Geldes. Frankfurt am Main: Suhrkamp. S.69.
[14] Vgl. Rammstedt (2003): Georg Simmels Philosophie des Geldes. Frankfurt am Main: Suhrkamp. S.70.
[15] Vgl. Rammstedt (2003): Georg Simmels Philosophie des Geldes. Frankfurt am Main: Suhrkamp. S.72/73.
[16] Vgl. Rammstedt (2003): Georg Simmels Philosophie des Geldes. Frankfurt am Main: Suhrkamp. S.225.
[17] Vgl. Ariely (2010): The Hidden Forces That Shape Our Decisions. New York: Harper. S.78f.

Pflichterfüllung aus. Im Gegensatz zu den beiden letzteren Gruppen entstand durch die finanzielle Zahlung eine Marktsituation in der die Probanden nur Tätigkeiten im Auftrag wie in einer Geschäftsbeziehung ausführten. Soziale Normen spielen in diesem Zusammenhang keine Rolle und deshalb leidet die Motivation darunter und mindert den Leistungswillen.

Michael Sandel bestätigt diese Auffassung durch sein Beispiel einer Schweizer Gemeinde, die sich gegen die finanzielle Entschädigung eines Atommüllendlagers weigern, hingegen ohne Vergütung dafür bereit erklären.[18] Hieran zeigt sich, dass sich entgegen der ökonomischen Auffassung Geld nicht immer eine Anreizfunktion darstellt.

4.2 Geld als falscher Wegweiser

Ariely führt eine Studie von den Universitätsprofessoren Gneezy und Rustichini an und beweist mittels des Beispiels einer israelischen Kindertagesstätte, die Probleme mit den verspäteten Abholzeiten der Eltern hatte, dass die Kreuzung zwischen Marktnormen und sozialen Normen nicht einwandfrei vollzogen werden kann. Um die Abholzeiten der betreuten Kinder zu kontrollieren verhängte der Kindergarten eine Art „Bußgeld", um die Eltern dazu zu bewegen ihre Kinder zukünftig zeitgerecht abzuholen. Dass die Kollision zwischen Marktnormen und sozialen Normen nicht problemfrei funktioniert, zeigt die spätere Entwicklung. Die Erziehungsberechtigten holen ihre Kinder von Haus aus unpünktlich ab, da sie die Strafzahlung als Bezahlung für die zusätzliche Betreuung ihrer Eltern interpretierten. Der ursprünglich angestrebte Wunsch hinter der Einführung der „Geldstrafe" wurde vollkommen verfehlt und entwickelte sich in eine gegensätzliche Richtung, indem die Eltern ihre Kinder mit Absicht später abholten.[19] Gleichzeitig wird hieran deutlich, dass im gesellschaftlichen Kontext mit Geld als ökonomische Einheit unweigerlich eine Forderung beziehungsweise ein Anspruch entgegengebracht wird.

Im alltäglichen Leben kann es bei der Kollision zwischen Geld und Tugenden zu negativen Erscheinungen kommen. Dies beginnt, wenn anstelle von Sachgeschenken stattdessen Bargeld verschenkt wird und geht weiter, wenn versucht wird eine freiwillige, nett gemeinte Geste wie beispielsweise eine Essenseinladung mit Geld aufzuwiegen anstatt einer dinglichen Aufmerksamkeit.[20] Zum Einen ist es schwierig den finanziellen Wert einer Einladung zu

---

[18] Vgl. Süddeutsche Zeitung (2012): Wir wollen frei sein.
Abrufbar unter: http://www.christian-felber.at/buecher/sz_euroretten2.pdf, letzter Abruf am 30.09.2013.
[19] Vgl. Ariely (2010): The Hidden Forces That Shape Our Decisions. New York: Harper. S.84f.
[20] Vgl. Ariely (2010): The Hidden Forces That Shape Our Decisions. New York: Harper. S.80.

bestimmen und zum Anderen wird der Gastgeber in eine unangenehme Situation gebracht und gegebenenfalls seine Gefühle verletzt, wenn in seinen Augen die Geldsumme nicht ansatzweise den Vorstellungen des betriebenen Aufwands entspricht.[21] Anhand dieser Ausführungen wird deutlich, dass Geld auch hier eine negative Komponente besitzt. Dies ist vor allem der Fall durch die Existenz von ungezwungenen und vor allem unentgeltlichen Tätigkeiten im sozialen Umfeld. Der undurchdachte Einsatz von Geld kann zu Schädigungen von Beziehungen führen bis hin zum vollständigen Bruch. Die Floskel, dass bei Geld die Freundschaft aufhört, kommt daher nicht von ungefähr.

4.3 Geld zur Signalsetzung

Besonders Unternehmen versuchen sich durch die Bereitstellung von hohen Spendengeldern und der Initiierung von wohltätigem Engagement in der Öffentlichkeit ins gute Licht zu rücken. Die Intention ist, umso höher der finanzielle Aufwand, desto ethisch korrekter soll ein Unternehmen dadurch erscheinen. Hier ist zum Einen zu differenzieren zwischen den monetären Möglichkeiten eines Unternehmens, die in Abhängigkeit der realisierten Umsatzsumme zu sehen sind und zum Anderen dem daraus resultierenden anvisierten Eigennutz für das Unternehmen. Ähnlich verhält es sich bei den Entlohnungszahlungen gegenüber den Mitarbeitern. Eine gerechte Entlohnung hat positive Rückkopplungseffekte für das Unternehmen, indem sich die Mitarbeiter mit diesem identifizieren und in Folge dessen dies sich auf den Ruf des Unternehmens in der Geschäftswelt auswirkt. Diese Überlegungen stehen in enger Beziehung zur Unternehmenskultur. Darunter versteht sich die Gesamtheit der Normen, Wertvorstellungen und Denkhaltungen, die sich auf das Verhalten der Mitarbeiter auswirken und gleichzeitig das Unternehmen prägen.[22]

Hieraus manifestiert sich Geld als gezielter Versuch die Reputation und das Image einer Firma aufzupolieren und zu beschönigen. Geld hat hierbei einen klaren Symbolcharakter in Abhängigkeit von seinem jeweiligen Einsatzgebiet. Diese Einordnung grenzt sich von Immanuel Kants Freiheitsbegriff ab, weil Unternehmen nicht durch ihr wohltätiges Engagement den Zweck um seiner selbst willen wählen. Sondern stattdessen sich für den Einsatz caritativer Unternehmungen nur entscheiden, da sie dadurch mehr Ansehen erhalten

---

[21] Vgl. Ariely (2010): The Hidden Forces That Shape Our Decisions. New York: Harper. S.75.
[22] Vgl. Achleitner/Thommen (2009): Allgemeine Betriebswirtschaftslehre. Wiesbaden: Gabler Verlag. S.975f.

wollen. Somit distanzieren sie sich vom ursprünglichen Zweck und machen sich diesen egozentrisch zu Nutze.[23]

5. Schluss

Innerhalb dieser wissenschaftlichen Arbeit wurden die Berührungspunkte von Ökonomie und Geld in sozialen Kontexten veranschaulicht. Gleichzeitig dienten Experimente von führenden Wissenschaftlern auf diesem Gebiet zur Untermauerung der Thesen. In Bezug auf die Wirkung von Geld in der Gesellschaft und auf den einzelnen Menschen lassen sich mehrere Negativbeispiele anführen, die zeigen zu welchen Langzeitwirkungen es durch den Einsatz von Geld kommen kann. Hierbei wird vor allem deutlich, dass die Überschreitung von persönlichen Grenzen durch geschäftliche Gebärden negative Auswirkungen auf das soziale Zusammenleben haben kann.

Letztlich lässt sich festhalten, dass Geld einen enormen Einfluss auf das Leben der Menschen und ihre zwischenmenschlichen Gepflogenheiten hat. Besonders der Missbrauch der dominanten von Geld gestützten Machtposition zieht erhebliche Nachwirkungen mit sich. Wenn Unternehmen zu Ausgangspunkten von Machttiraden werden, muss dabei jedoch beachtet werden, dass hinter diesen Unternehmen letztendlich wieder Menschen stehen, die verantwortlich für die Vermittlung entsprechender Werte sind. Noll bringt dies folgendermaßen auf den Punkt:

> „In Werten und Normen dokumentiert sich das, was ein Individuum, eine Gruppe oder eine Gesellschaft als wünschenswert ansieht. Werte sind folglich Auffassungen über die Wirklichkeit, genauer: über die Qualität der Wirklichkeit. Sie beeinflussen, damit die Auswahl unter möglichen Handlungszielen, Mitteln und Handlungsweisen."[24]

Für Michael Sandel wäre die Antwort auf die einleitende Fragestellung, dass die Geldtheorie schädlich ist und Geld den Charakter verdirbt.[25]

Der französische Politiker und Rechtswissenschaftler Edgar Faure ergänzt Sandel, mit folgender Aussage:

> „Geld verdirbt nur den Charakter, der bereits verdorben ist"[26]

---

[23] Vgl. Sandel (2013): Gerechtigkeit. Wie wir das Richtige tun. Berlin: Ullstein. S.152.
[24] Noll (2002): Wirtschafts- und Unternehmensethik in der Marktwirtschaft. Stuttgart: Kohlhammer. S.9.
[25] Wiethüchter (2013): Geld verdirbt den Charakter-Michael Sandel im Einstein Forum.
Abrufbar unter: http://www.diesseits.de/menschen/1366063200/geld-verdirbt-den-charakter-michael-sandel-einstein-forum, letzter Abruf am 27.09.2013

Bibliographie

ACHLEITNER, Ann-Kristin/ THOMMEN, Jean-Paul (2009): Allgemeine Betriebswirtschaftslehre. Wiesbaden: Gabler Verlag.

ARIELY, Dan (2010): The Hidden Forces That Shape Our Decisions. New York: Harper.

ARIELY, Dan (2010): Denken hilft zwar, nützt aber nichts: Warum wir immer wieder unvernünftige Entscheidungen treffen, München.

FRANCK, Robert/GILOVICH, Thomas/REGAN, Dennis (1993): „Does Studying Economics Inhibit Cooperation?" In: Journal of Economic Perspectives, Volume 7, Number 2, S.159-171.

HASNAI, Kazim (2013): Fabrikeinsturz in Bangladesch. Abrufbar unter: http://www.spiegel.de/panorama/fabrikeinsturz-in-bangladesch-rettungskraefte-finden-ueberlebende-a-899090.html , letzter Abruf am 30.09.2013.

HANDELSBLATT (2010): Geld verdirbt nur den Charakter, der bereits verdorben ist. Abrufbar unter: http://www.handelsblatt.com/archiv/geld-verdirbt-nur-den-charakter-der-bereits-verdorben-ist-edgar-faure/2017842.html, letzter Abruf 30.09.2013.

KRAMER, Rolf (1996): Ethik des Geldes. In: Sozialwissenschaftliche Schriften Heft 31. Berlin: Dunker & Humboldt.

MECKENSTOCK, Günter (1997): Wirtschaftsethik. Berlin: Walter de Gruyter.

MENGER, Carl (1892): On the origin of money. In: Economic Journal 2. S.239-255. Abrufbar unter: http://cas.umkc.edu/econ/economics/faculty/wray/631Wray/Menger.pdf, letzter Abruf am 27.09.2013.

---

[26] Vgl. Handelsblatt (2010): Geld verdirbt den Charakter, der bereits verdorben ist. Abruf unter: http://www.handelsblatt.com/archiv/geld-verdirbt-nur-den-charakter-der-bereits-verdorben-ist-edgar-faure/2017842.html, letzter Abruf am 30.09.2013.

NOLL, Bernd (2002): Wirtschafts- und Unternehmensethik in der Marktwirtschaft. Stuttgart: Kohlhammer.

RAMMSTEDT, Otthein (2003): Georg Simmels Philosophie des Geldes. Frankfurt am Main: Suhrkamp.

SANDEL, Michael (2013): Gerechtigkeit. Wie wir das Richtige tun. Berlin: Ullstein.

SÜDDEUTSCHE ZEITUNG (2012): Wir wollen frei sein. Abrufbar unter: http://www.christian-felber.at/buecher/sz_euroretten2.pdf, letzter Abruf am 30.09.2013.

TIETZ, Janko/AMANN, Susanne (2013): Konsum ist etwas Gutes. Abrufbar unter: http://www.spiegel.de/spiegel/print/d-102241678.html, letzter Abruf 30.09.2013.

WEDDIGEN, Walter (1951): Wirtschaftsethik: System humanitärer Wirtschaftsmoral. Berlin: Duncker & Humblot.

WIETHÜCHTER, TÖNS (2013): Geld verdirbt den Charakter-Michael Sandel im Einstein Forum.
Abrufbar unter: http://www.diesseits.de/menschen/1366063200/geld-verdirbt-den-charakter-michael-sandel-einstein-forum, letzter Abruf am 27.09.2013.